LITANIES

DE LA

TRÈS SAINTE VIERGE

Peintures murales de la Chapelle des R.R. P.P. Dominicains,
au Mouleau (près Arcachon).

exécutées & lithographiées

Par LOUIS BORDIEU

Avec une Introduction, par le Père Hyacinthe Bayonne,
des Frères Prêcheurs.

TOULOUSE

LITHOGRAPHIE SALETTES JEUNE,

RUE DES FILATIERS, 42.

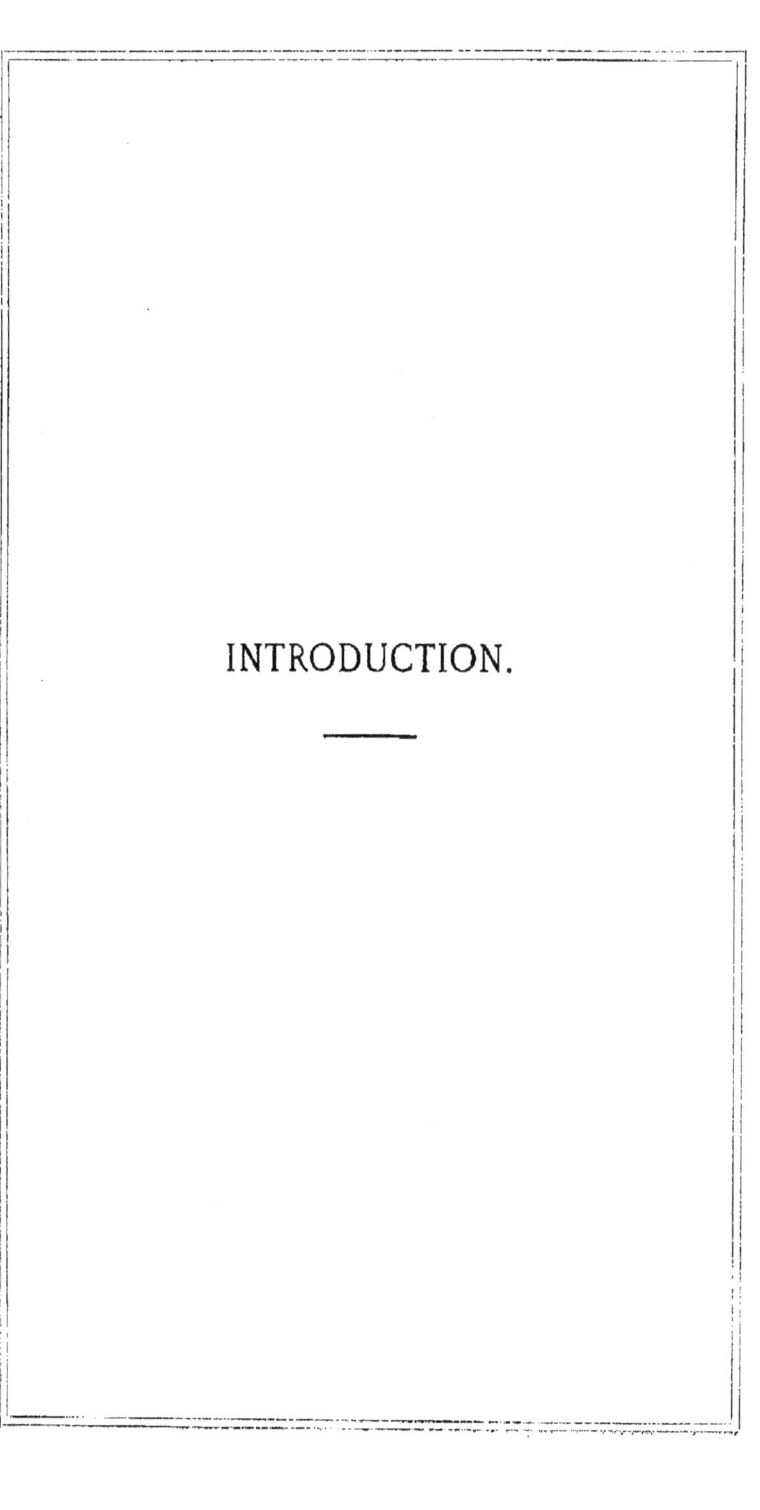

INTRODUCTION.

UN ESSAI ICONOGRAPHIQUE

LITANIES DE LA SAINTE VIERGE.

————~✳~————

À la fin du XIIIme siècle, au lendemain des Croi-
sades, quand les pèlerinages de la Terre-Sainte étaient
devenus un péril, sous la recrudescence de l'oppression
musulmane, le monde chrétien apprit tout à coup
que la petite maison de Nazareth, où le Verbe divin
s'était fait chair dans le sein de la Bienheureuse Vierge
Marie, venait d'être transportée, par les mains des
anges, du sol de la Palestine sur les rivages de l'Adriatique, dans un bois de lauriers, voisin de Récanati.
Cette visite de la Terre-Sainte aux chrétiens d'Occident,
quand ils ne pouvaient plus venir eux-même la visiter,
ce miraculeux pèlerinage de la Sainte Relique, à travers
des chemins ignorés des pèlerins de la terre, ce mo-
nument virginal du plus étonnant mystère de notre foi,
fuyant les profanations des infidèles pour se réfugier sous
la garde filiale de la chrétienté, tout cela avait ému
nos pères d'une tendre dévotion, d'un saint enthousiasme. Accourus en foule de toutes parts pour visiter
le vénérable Sanctuaire, ils ne pouvaient assez rassasier
leurs yeux de la vue de ces murailles consacrées par le

double prodige d'un Dieu se faisant homme et d'une fille de l'homme devenant la Mère d'un Dieu, ni arracher leur cœur aux délectables émotions d'un si saint et si doux spectacle.

Mais voilà que rencontrant, dans les élans spontanés de la piété solitaire envers la divine Marie, une formule d'hommages et de prières qui s'harmonisait admirablement avec les pieux enivrements de leur âme, ils l'adoptèrent d'inspiration et par une acclamation unanime. Cette formule, connue sous le nom de Litanies, était comme un poëme où la louange et la prière se succédaient haletantes ; le cri de louange se hâtant de soulager l'âme du poids de son admiration et le cri de prière se précipitant pour venir en aide au cœur oppressé par ses besoins. C'était comme le *Gloria in excelsis* de la Sainte Vierge quarante fois répété, sous les titres les plus magnifiques, les expressions les plus suaves, mais toujours accompagné de son invariable complément : *Paix, paix sur la terre aux hommes de bonne volonté !*

L'Église attirée par ce doux événement, tout empreint des parfums de Bethléem, ne laissa pas néanmoins de soumettre à son contrôle l'identité de la Sainte Maison, et de prêter une oreille jalouse au sens doctrinal des acclamations populaires qui saluaient sa bienvenue. Mais elle fut bientôt rassurée par l'évidence, comme par l'autorité des témoignages, autant sur l'authenticité de l'une que sur l'orthodoxie des autres ; et élevant sa tête radieuse d'une joie divine au dessus de ce bois désormais sacré pour elle, de sa main droite elle inscrivait en lettres d'or, sur le frontispice de la Sainte Maison, les paroles qu'aucun regard chrétien ne peut encore y lire sans une indicible émotion : *Hic verbum caro factum est, C'est ici que le Verbe s'est fait chair*, et de sa main gauche elle présentait au monde, comme l'éloge le plus complet de la Reine du ciel, comme l'expression la plus élevée de son admiration et de son amour pour elle, cette dernière forme des Litanies connue sous le nom de Litanies de Notre-Dame-de-Lorette : *Litaniæ Lauretanæ*. Chantées primitivement dans un élan de piété et de tendre reconnaissance, sous les murailles émues de la *Santa Casa*, par les voix réunies des pèlerins de l'Europe, elles se sont répercutées de rivage en rivage, d'écho en écho, jusque dans les contrées les plus reculées de l'univers chrétien, et les voilà devenues aujourd'hui le cri obligé de toute âme solitaire touchée d'amour pour la Mère de Dieu, comme de toute ferveur collective, de tout enthousiasme populaire qu'elle inspire.

Or, ces litanies, ce poème tant aimé, devait naturellement provoquer les beaux arts, à les traduire dans leurs œuvres comprises de tous les peuples, parce qu'elles sont comme la nature, les mêmes pour tous les yeux. L'Iconographie chrétienne s'en empara en effet dès leur apparition, s'efforçant, par des essais continus, d'achever la création de leur symbolisme et de lui donner son poétique couronnement. Il y a un grand charme, il faut en convenir, dans ces litanies, ainsi racontées aux yeux par un habile pinceau. Pendant que l'esprit se plaît à errer à travers ces symboles, étudiant leur analogie avec les invocations, les titres correspondants donnés à la Sainte Vierge, le cœur amoureux du mystère se délecte a découvrir sous chaque symbole, comme sous un pli de son voile, chacun des traits de son visage et à tressaillir sous l'éclair de leur beauté.

C'est au désert de la grande Chartreuse, que nous avons eu pour la première fois ce spectacle, dans cette chapelle de *Notre-Dame de Casalibus*, qui s'épanouit simple et pure comme le lys de la vallée, au pied de ce roc abrupt et sauvage, au sommet duquel apparaît suspendu l'Oratoire de Saint Bruno, comme l'aire du grand Aigle de la contemplation dans ces gigantesques solitudes. Nous ne savons si les scènes grandioses de cette admirable nature des Alpes nous avaient préparés à mieux goûter, par leur contraste, les miniatures de l'art humain. Mais à peine eûmes-nous franchi le seuil du pieux Sanctuaire, que nous fûmes saisis par le charme des peintures qui en ornaient la voûte. Nous mettant aussitôt à en étudier le symbolisme, nous nous laissâmes aller du plaisir des yeux au plaisir de l'âme, marchant à la découverte de chaque pensée, cachée sous les grâces du symbole, comme on cherche une fleur par le chemin embaumé de ses parfums. Nous ne saurions nous rappeler assez le mérite artistique de l'œuvre, pour en dessiner les caractères; mais une douce impression nous en est restée dans l'âme, et si le vase est brisé dans nos souvenirs, le baume versé y répand son arôme éternel.

Cependant, le dernier mot Iconographique sur les Litanies est loin encore d'avoir été prononcé. La plupart des artistes qui s'y sont exercés, se sont moins inquiétés comme celui de la grande Chartreuse, d'en reproduire intégralement tous les traits, que d'en réussir quelques-uns. Ils ont fait de l'éclectisme, pour n'être que gracieux et poétiques, sacrifiant sans remords tout ce qui ne s'y prêtait pas. La première chose donc à faire dans un sujet si complexe, c'est d'être fidèle à le reproduire dans son intégrité, de traduire d'abord en couleurs et en images les idées complètes du poëme et puis d'en perfectionner le symbolisme en se rapprochant le plus possible de l'idéal.

Mais là ne doit pas se borner la mission de l'art. Car les Litanies de la Sainte Vierge ne sont pas une classification pure et simple de ses grandeurs, une nomenclature froidement scientifique de ses divers titres de gloire. Les Litanies sont quelque chose de plus; elles sont une prière vivante, un mélange animé d'acclamations et d'hommages, de louanges et de supplications. Or, si des signes, des symboles sont compétents de leur nature pour exprimer une idée, le sont-ils également pour manifester le sentiment qui l'accompagne? S'ils traduisent la pensée, traduisent-ils également les émotions de l'âme? Evidemment non. Pour avoir le drame vivant des Litanies, il faut donc ajouter à la lettre morte des images et des symboles, l'esprit qui les interprète et les vivifie; il faut leur donner une âme qui se manifeste elle-même, dans sa vie propre, dans sa physionomie, dans les attitudes de sa personnalité. Dès lors, non-seulement les Litanies retrouvent sous le pinceau la plénitude de leur vérité, mais elles entrent par cela même dans les régions émouvantes de la grande peinture, dont la mission est de reproduire les beautés immédiates de l'âme, les éclairs de la pensée, les nobles émotions de la vertu, tout autant de choses que l'art ne peut faire resplendir qu'à l'aide de la plus belle image de la divinité sur la terre, le visage de l'homme. Le visage de l'homme! chef-d'œuvre admirable, qui, gravé sur le marbre ou sur l'airain par la main du Génie, a pu faire tomber à genoux la Grèce et Rome païennes, saisies de terreur devant la majesté du maître de la foudre, et qui formé un jour dans le sein très pur d'une Vierge, est devenu l'idéal de la beauté divine dans la beauté de l'homme-Dieu, qui charme depuis vingt siècles le cœur des générations humaines, produit tous les grands héroïsmes de la terre et peuple le Ciel de bienheureux.

Mais quelle âme faut-il donner au symbolisme des Litanies? quelle personnalité lui adjoindre pour en faire une prière vivante, un hommage en action? Remon-

tons à l'histoire de la translation miraculeuse de la Sainte Maison de Nazareth ; voici dans quels termes, un saint ermite du temps et du pays, nommé *Paul della Serva*, commence la relation qu'il en écrivit au Roi de Naples Charles II : « L'an de l'Incarnation de Notre
» Seigneur 1294, le samedi 10 décembre, lorsque
» tout était plongé dans le silence et que la nuit dans
» son cours était au milieu de sa route, une lumière
» sortie du Ciel vint frapper les regards de plusieurs
» des habitants des rivages de la mer Adriatique, et
» une divine harmonie réveillant la paresse des plus
» endormis, les tira du sommeil, pour leur faire con-
» templer une merveille supérieure à toutes les forces
» de la nature. Ils virent donc et contemplèrent à
» loisir une maison environnée d'une splendeur céleste,
» soutenue sur les mains des anges et transportée à
» travers les airs. » (1)

Cette divine harmonie qui accompagnait la marche triomphale de la Sainte Maison de Nazareth, portée par les anges, n'était évidemment que les hymnes sacrées, les cantiques de joie, que ces esprits bienheureux faisaient entendre en l'honneur de la Mère de Dieu. Rien donc de plus naturel que de faire chanter par les anges les Litanies de Notre-Dame-de-Lorette, c'est-à-dire de les représenter portant chacun dans leurs mains, non plus la *Santa Casa* elle-même, mais un emblème, un

(1) *Histoire de l'Eglise*, par Rorbacher, tom. XIX, p. 333.

symbole des titres de gloire de celle qui en fut l'arche virginale et pendant un temps le *Saint des Saints !* On ne pouvait imaginer rien de plus gracieux, tout en demeurant dans la vérité théologique et morale et sans sortir de la vérité de l'histoire. Car, si d'un côté, il est de foi que les anges assistent les hommes dans leurs besoins et présentent leurs prières à l'Eternel, de l'autre, il n'est pas moins certain que l'humanité se transforme par la prière, et que sa physionomie s'empreint, au contact des choses divines, d'un caractère tout céleste, de telle sorte que les anges chantant les Litanies représentent l'humanité transfigurée par le culte de la plus pure des Vierges ! Que l'artiste prédestiné à cette belle œuvre se lève donc ; qu'il fasse parler ses pinceaux, et nous aurons une création nouvelle, qui sera un diamant de plus dans le riche écrin iconographique des Litanies de la Sainte Vierge. Mais l'artiste est debout ; son œuvre est accomplie et nous n'avons fait jusqu'ici qu'en esquisser la pensée.

Quand on est sur la plage du bassin d'Arcachon, et qu'à marée basse on dirige sa promenade vers la pointe du sud, après une heure de marche dans une profonde solitude, tout à coup à sa gauche, au bout d'une longue avenue, on aperçoit, sur la dune encadrée par les profondeurs de la forêt, un doux édifice, à deux gracieuses tours carrées qui s'avancent en saillie sur sa façade, comme pour venir au devant de vos pensées et les porter vers le Ciel ; c'est un monastère bâti à dessein, à cette distance de la ville bruyante des plaisirs, comme un germe naturel, une espérance de la cité pacifique destinée aux âmes paisibles et recueillies. Les dominicains de Bordeaux ayant accepté une proposition bienveillante, ont eu la pensée d'en dédier la chapelle à la Sainte Vierge, sous le titre de *Notre-Dame des Passes*, en mémoire des écueils fameux de ce nom, qui assiégent l'entrée de l'Océan dans le bassin. C'est dans cette petite chapelle, située comme la maison de Lorette, non loin du rivage d'une grande mer et au milieu d'une immense forêt; c'est là que M. Louis Bordieu, de Toulouse, a traduit en peintures murales le beau poème des Litanies de Notre-Dame de Lorette et en a fait une œuvre originale et gracieuse.

Ce travail, le plus remarquable comme conception qu'il ait fait à Bordeaux, accuse dans le jeune artiste, une grande aptitude à traiter les sujets religieux, pour peu qu'une intelligente initiation lui en ouvre les nobles horizons. Le beau étant la splendeur du vrai, selon la magnifique définition de Platon, il est rare qu'un artiste trouve en lui-même et dans ses études préliminaires une science suffisante de la vérité, sur tous les sujets chrétiens, pour en saisir les splendeurs et en illuminer son pinceau. Voilà pourquoi on remarque dans l'histoire, que tous les grands maîtres de l'art se sont faits les humbles disciples de la sagesse et de la vérité, depuis Phidias à l'école de Platon, jusqu'à

Raphaël, à celle des humanistes de la Cour du duc d'*Urbino*. Dans une sphère plus modeste, M. Bordieu se reconnaît largement bénéficiaire, sous ce rapport, de la fréquentation des cloîtres dominicains.

Heureusement inspiré par rapport à la pensée générale, il ne l'a pas moins été dans le choix des détails. D'abord, il a pris pour types de ses anges, ceux qui, pour leur beauté toute céleste, ont mérité à leur auteur la gloire de voir son nom de *Fra Giovanni de Fiesole*, changé par l'admiration de la postérité en celui de *Fra Angelico*. « C'est dans ses types d'anges,
» écrit son récent historien, que brille surtout le génie
» de notre peintre. Il est très difficile de revêtir d'un
» corps les esprits bienheureux, et il n'est peut-être
» pas de sujet chrétien qui ait été plus indignement
» profané par la renaissance. Les écoles anciennes
» avaient représenté les anges tels qu'ils nous appa-
» raissent dans la Bible......... Ce type prévalut dans
» l'école de Giotto, qui sut toujours, malgré l'élégance
» de leur taille et la longueur de leur robe, préserver
» ses anges du caractère féminin. Fra Angélico a imité
» les anges de Giotto, mais il les a faits plus jeunes,
» afin de leur donner une beauté plus virginale. Ce ne
» sont pas des enfants comme ceux de l'école du Pé-
» rugin, cet âge ne rend pas assez le zèle et l'intelli-
» gence de ces ministres de Dieu, ce sont des adoles-
» cents, à ce moment de la vie, où tout est lumière
» et sincérité pour le cœur qui s'épanouit sans être

» agité par le souffle des passions.... Si, pour les pein-
» dre, la nature a été consultée, l'artiste l'a bien spi-
» ritualisée, et il est probable, comme le pense Vasari,
» qu'il a copié ses gracieux modèles à la lumière de
» ses extases. » (1)

M. Bordieu a saisi admirablement le genre de son inimitable modèle, et plus d'une fois il a fait passer sur le front de ses anges un reflet de ce rayon divin, dont le pinceau de Fra Angélico semblait avoir gardé le secret. Quant à la grâce, à la noblesse, à la variété de leur pose, à la richesse de leur costume, aux plis ondoyants de leur robe traînante, aux teintes douces et presque vaporeuses de leur couleur, il n'a rien oublié des soins exquis du maître à composer tous ces détails, tout devant être céleste dans ces fils du Ciel. Et ce n'était pas une médiocre difficulté pour lui d'avoir à en tenir compte sur une aussi vaste échelle que celle du plan des Litanies; il ne s'agissait de rien moins que de donner à près de quarante figures d'anges, la variété de physionomie et d'attitude, dans l'unité de nature et de rôle, la variété de draperies et de nuances dans l'unité de costume et de coloris. Il en a triomphé cependant avec assez de bonheur, grâce à une étude patiente de la nature, qui finit à la longue par se laisser arracher ses secrets.

Restait à combiner le symbolisme avec la person-

(1) Vie de *Fra Angelico de Fiesole*, par M. Cartier, chap. V.

nalité des anges, de manière à en former un tout vivant, un drame animé. Il existe un exemple de cette combinaison d'un symbolisme avec des personnalités, s'expliquant et se complétant l'un par l'autre, dans un des plus beaux monuments de l'art antique. Quand on visite les galeries du Vatican, ce panthéon des beaux arts, consacré par la papauté à tous les chefs-d'œuvre du monde, on arrive à une de ces rotondes qui unissent les grandes salles qui s'y succèdent sans fin, et l'on se trouve au milieu d'un cercle de statues antiques. Si vous considérez chaque personnage, avant d'apercevoir le symbole qu'il tient négligemment à la main, vous avez devant vous une belle statue, magnifiquement drapée, avec une attitude, un geste, une expression de visage remarquables, mais dont la beauté vous demeure confuse, parce que le sens, l'intelligence du personnage vous échappe. Mais dès qu'un regard, sur le symbole, sur le signe emblématique qui le caractérise, vous l'a révélé, vous éprouvez une émotion indéfinissable, en voyant se dresser devant vous, non plus un marbre, mais une âme vivante, une divinité, une de ces filles charmantes de Jupiter chantées par Homère, qui président à la poésie, à l'éloquence, à chacun des beaux arts; vous n'êtes rien moins que sur l'Hélicon ou sur le Parnasse, au milieu du chœur sacré des neuf Muses de la Grèce! Evidemment, le symbole n'occupe ici qu'un rôle secondaire; il n'est là qu'à l'état de signe révélateur, qu'on regarde une fois et qu'on oublie ensuite, absorbé que l'on est par la contemplation de la muse, qui se raconte elle-même désormais à vos yeux ravis.

Telle ne devait pas, ne pouvait pas être la combinaison des symboles et des personnages dans le sujet des Litanies. Les symboles des invocations n'étant rien moins que les titres de gloire de la Sainte Vierge, et comme les diamants de sa couronne, les anges, tout fils du Ciel qu'ils sont, ne peuvent remplir vis-à-vis d'eux que le rôle qu'ils remplissent vis-à-vis de leur souveraine, le rôle de très-humbles, très-heureux serviteurs. Aussi dans l'œuvre de l'artiste, loin de les faire oublier, ils les mettent au contraire en relief, car ils les portent avec honneur dans leurs mains, et faisant converger vers eux tout ce qu'il y a d'expressions de piété, de respect, d'amour, dans leur doux visage, dans leur attitude recueillie, ils semblent ne vivre, ne respirer que pour sentir et exprimer la louange dont ils portent l'emblème; ils passent deux à deux, sous vos yeux charmés, priant, célébrant les louanges de la Mère de Dieu, implorant son secours, et votre âme émue de piété se mêle à leur cortège, priant avec eux, acclamant les grandeurs de Marie, implorant sa bonté.

Voilà l'œuvre en elle-même. Considérée sur les lieux, elle prend des aspects différents, selon les heures et les circonstances où l'on s'y trouve. Etes-vous venu vous promenant à la brise du soir, adresser à la Sainte Vierge l'*Ave Maria* de la fin du jour? Arrivé sur la plate-forme où la chapelle est assise, vous avez admiré un instant le spectacle du soleil, prêt à se coucher derrière la tour du phare et blanchissant de ses rayons obliques les flots du bassin, et puis vous êtes entré pour faire votre prière. Quand vous vous relevez pour sortir et que vous dirigez vos pas vers la porte, vos yeux se lèvent instinctivement vers la rosace toute étincelante des feux du couchant, et en voyant les anges qui semblent descendre de ce foyer de lumière, soutenant dans leurs mains les symboles des Litanies, se glissant à droite et à gauche, le long des murailles, comme portés par les rayons du soleil, vous avez sous les yeux l'image de la translation de la Sainte Maison de Nazareth, au milieu de la splendeur céleste qu'aperçurent les habitants des bords de la mer Adriatique.

Mais c'est un dimanche. Vous êtes entré dans le pieux sanctuaire, à l'heure où, selon l'usage traditionnel de leur ordre, les religieux dominicains chantent les Litanies de la Sainte Vierge, immédiatement avant le salut du Très-Saint Sacrement. Pendant que vous voyez les fidèles à genoux, mêlant leurs voix à celle des religieux, jetez un regard sur ces anges qui planent au-dessus de votre tête, portant dans leurs mains les images symboliques des invocations qui frappent vos oreilles. N'avez-vous pas devant vous une saisissante apparition de ce dogme de notre foi, qui nous enseigne que ces esprits bienheureux assistent à nos prières et les portent dans leurs mains respectueuses aux pieds du trône de Dieu?

Enfin, par une de ces belles matinées d'été, où la forêt vous enveloppe de sa fraîcheur embaumée, voici venir un groupe de jeunes gens dans toute la fleur de leur printemps. Prêts à quitter la famille pour aller affronter les dangers du monde et de leur indépendance, ils viennent confier à *Notre-Dame-des-Passes* ce pas dangereux de leur existence. Voyez-les dans la ferveur de leur piété faisant passer de leur cœur sur leurs lèvres les Litanies de la Sainte Vierge, et puis, regardez les anges qui en portent les emblèmes au-dessus de leurs têtes. Quelle différence voyez-vous entre eux? De part et d'autre, ce sont « des adolescents, à » ce moment de la vie où tout est lumière et sincérité » pour le cœur qui s'épanouit, sans être agité par le » souffle des passions. » Seulement, pour devenir des anges, ceux d'en haut ont reçu leur beauté idéale du pinceau inspiré du bienheureux Angélico, tandis que ceux d'en bas ne la doivent qu'au pinceau de la nature trempé dans la lumière de la grâce et de l'amour de Dieu.

En louant l'œuvre de M. Bordieu, nous sommes loin cependant de nous faire illusion sur les défauts comme sur les négligences qui la déparent. Ainsi, c'est une grave faute, à notre avis, d'avoir emprisonné ces anges dans des médaillons, au lieu de leur laisser l'espace libre, comme il convenait à l'ensemble, à l'unité d'action du drame des Litanies. Le fonds d'or était admirablement choisi, s'il avait régné sur toute l'étendue de la frise occupée par les anges. Et si, avec cela, on avait eu l'heureuse pensée de remplacer la grisaille de la rosace, par le sujet de la *Santa Casa*, portée par les messagers célestes, on aurait eu, dans tous les temps, le complément historique de l'origine des Litanies de Lorette, et à tous les soleils couchants, on en aurait eu une étincelante représentation. Plus les sujets que l'on traite sont délicats et plus les négligences y sont sensibles, surtout quand elles apparaissent dans le voisinage immédiat de ceux qui sont supérieurement traités. Ce sont là des tâches regrettables dans l'œuvre de M. Bordieu. On comprend la lassitude, l'épuisement rapide des forces d'un artiste, dans l'invention d'un sujet varié outre mesure. On comprend qu'on ne puisse en venir à bout qu'à l'aide de cette longue patience, qui est, dit-on, une des conditions du génie, si ce n'est le génie lui-même. Mais la patience suppose un des éléments qui manque le plus aux artistes de nos jours. Cet élément, c'est le temps, et le temps pour eux surtout n'existe que sur *fonds d'or*.

On dit que Jules II s'arrêtait quelquefois au pied de l'échafaudage de la chapelle Sixtine, où Michel-Ange travaillait à la grande fresque du jugement dernier, et qu'impatienté de la lenteur de l'œuvre, il secouait d'une main vigoureuse l'échelle qui conduisait à l'artiste, en lui adressant cette vive interpellation : « *Quand donc auras-tu fini?* » Et on ajoute que Michel-Ange, sans détourner la tête et sans quitter son pinceau, répondait froidement « Saint-Père, quand je pourrai. » S'il y a peu d'artistes de nos jours capables de la fière réponse de Michel-Ange, c'est qu'il n'y a plus de Jules II, capables de l'entendre. Ce qui fait les princes magnifiques envers les arts, un grand cœur dans une grande fortune, devient chose de jour en jour plus rare.

Quoi qu'il en soit des défauts partiels de l'œuvre de M. Bordieu, elle n'en est pas moins remarquable dans son ensemble, comme pensée et comme exécution. Nous le félicitons sincèrement de ce nouveau succès qui en promet de plus grands encore. Il ne doit pas oublier que la peinture religieuse partage avec l'apostolat, la mission de propager la vérité dans le monde. Dans ces deux carrières, il n'est pas plus donné à l'homme de mesurer le retentissement d'une parole que le rayonnement d'un coup de pinceau. Car, selon la belle parole de Mme de Staël : « S'il n'y a qu'un jour » pour le succès, il y a des siècles pour le bien que la » vérité peut faire à l'homme. » (1)

Fr. Hyacinthe Bayonne,
des fr. prêch.

Bordeaux, le 4 août 1865.

---

(1) De l'Allemagne.

LITANIES

DE LA

TRÈS-SAINTE VIERGE.

INVOCATIONS.

SYMBOLISME ET EXPLICATION.

KYRIE, ELEISON
CHRISTE ELEISON
KYRIE ELEISON

LITANIES DE LA SAINTE VIERGE.

EXPLICATION.

Les trois Anges, portant dans leurs mains les trois *Kyrie eleison*, forment cette trilogie sacrée de supplications, par laquelle l'Église, dans sa liturgie, ouvre ses prières les plus solennelles. *Seigneur, ayez pitié de nous !* c'est le premier cri, le cri naturel qu'exhale la créature aux pieds de son créateur, dans le sentiment de sa faiblesse et de l'immensité de ses besoins. Le même cri est trois fois répété, comme tout ce qui vient d'un sentiment vrai et profond; et que cela convient bien à l'humanité suppliante et à genoux devant Dieu !

CHRISTE,
AVDI NOS.
CHRISTE
EXAVDI NOS.

EXPLICATION.

CHRIST, ÉCOUTEZ-NOUS.

Cet Ange solitaire, avec l'invocation : *Christe, audi nos*, entre ses mains, c'est l'humanité adressant sa prière au grand Médiateur établi entre Dieu et nous, le Christ-Jésus ! La prière de celui qui s'humilie pénètre le ciel, il est vrai ; mais seule, ne venant que de nous, elle arrive pauvre, nue, sans mérite auprès de Dieu, qui ne lui doit que les dons gratuits de sa bonté. *O Christ, écoutez-nous !* recevez notre prière, faites la vôtre ; couvrez sa nudité de votre nom et de vos mérites et elle s'imposera avec son droit divin, au cœur du Très-Haut ; Dieu l'exaucera comme celle de son Fils bien aimé.

Ô CHRIST, ÉCOUTEZ-NOUS !

PATER DE CŒLIS, DEUS
MISERERE NOBIS
FILI, REDEMPTOR MUNDI, DEUS,
MISERERE NOBIS.
SPIRITUS SANCTE, DEUS
MISERERE NOBIS.
SANCTA TRINITAS, UNUS DEUS,
MISERERE NOBIS

EXPLICATION.

SAINTE TRINITÉ, QUI ÊTES UN SEUL DIEU,
AYEZ PITIÉ DE NOUS.

Les trois Anges représentent la distinction des personnes en Dieu : Dieu père dans les Cieux, Dieu fils rédempteur du monde, Dieu esprit sanctificateur. Le triangle, avec l'œil ouvert au milieu, emblème de la divinité qui voit tout, représente l'unité de nature dans les trois personnes, le Jéhova des Hébreux, le trois fois saint ! Le tout formant un groupe unique, c'est vous, ô Dieu de Majesté, de qui nous avons tout reçu et de qui nous attendons tous les biens !

TRINITÉ SAINTE, QUI ÊTES UN SEUL DIEU,
AYEZ PITIÉ DE NOUS !

SANCTA DEI GENITRIX
ORA PRO NOBIS

SANCTA MARIA
ORA PRO NOBIS

EXPLICATION.

SAINTE MARIE.

Ce chiffre, ce monogramme dans les mains de l'Ange, qui ne le reconnaît? C'est celui du nom de Marie, nom magnifique apporté du Ciel à la terre et qui résume toutes les grandeurs, toutes les gloires de la Sainte Vierge. Dire votre nom, ô Marie, c'est faire votre éloge ; vous nommer, c'est raconter vos mérites, c'est placer sur votre front une couronne de splendeurs ; comment ne serait-ce pas obtenir grâce devant vous, mériter votre intercession? O Marie, Marie, qui me donnera de redire ce nom béni jusqu'à mon dernier soupir !

SAINTE MARIE, PRIEZ POUR NOUS !

SAINTE MÈRE DE DIEU.

L'olivier est le symbole de la Maternité, comme l'explique la légende sacrée qui tombe des mains de l'Ange : « *Vos fils, comme les rejetons de l'olivier, forment la couronne autour de votre table* (1). » Mais la couronne d'olivier enveloppant le soleil, image radieuse de la divinité, c'est le symbole de la Maternité, par rapport à Dieu lui-même. Glorieuse Maternité ! privilége d'une simple créature ! Et cette créature, c'est vous, ô Marie, à qui seule on peut dire au Ciel et sur la terre :

SAINTE MÈRE DE DIEU, PRIEZ POUR NOUS !

(1) Ps. 127.

MATER CHRISTI — SANCTA VIRGO VIRGINUM

ORA PRO NOBIS — ORA PRO NOBIS

EXPLICATION.

SAINTE VIERGE DES VIERGES.

Ce beau lys qui s'élève avec grâce au-dessus des autres lys groupés dans la main de l'Ange, n'est-il pas le symbole naturel de la Vierge par excellence au milieu de toutes les vierges? Lys virginal, ô Marie, vous êtes la première et la plus belle parmi les blanches fleurs, vos compagnes! Leur beauté s'est formée sur le modèle de la vôtre, et leurs parfums ne sont si doux que parce qu'ils émanent de vos parfums. Fleurissez, ô Marie, répandez vos baumes odorants, faites germer des vierges.

SAINTE VIERGE DES VIERGES, PRIEZ POUR NOUS!

MÈRE DU CHRIST.

La couronne d'olivier, signe de la Maternité, enveloppant le chiffre, le monogramme traditionnel de Jésus-Christ, c'est l'emblème de la Maternité du Christ, de l'Homme-Dieu, du divin Médiateur de nos âmes. Fille d'Ève, vous êtes notre sœur, ô Marie, en même temps que la Mère du Christ; soyez notre médiatrice auprès de Celui qui est notre médiateur auprès de Dieu! Un fils pourra-t-il refuser quelque chose à sa mère?

MÈRE DU CHRIST, PRIEZ POUR NOUS!

MATER PURISSIMA
ORA PRO NOBIS
MATER DIVINAE GRATIAE
ORA PRO NOBIS

MATER PURISSIMA
ORA PRO NOBIS
MATER DIVINAE GRATIAE
ORA PRO NOBIS

6

EXPLICATION.

MÈRE DE LA DIVINE GRACE.

Dans cette fontaine jaillissante avec ses eaux vives et abondantes, reconnaissez la Grâce divine dont les flots jaillissent jusqu'à la vie éternelle. Dans la couronne d'olivier qui forme la base de la fontaine, reconnaissez la Maternité qui préside à l'expansion de ses eaux. O Marie, canal mystérieux de toutes les faveurs de Dieu, de toutes les pluies comme de toutes les rosées du Ciel, n'oubliez pas que notre âme est devant vous, comme une terre aride et desséchée !

MÈRE DE LA DIVINE GRACE, PRIEZ POUR NOUS !

MÈRE TRÈS PURE.

Qu'est-ce que cette couronne de la Maternité qui enlace avec tant d'amour un lys virginal, sinon l'emblème merveilleux de la Vierge qui enfante et de la Mère demeurée toujours vierge ? Ce sont là les jeux de la droite du Tout-Puissant ; mais que les fruits en sont doux à ceux dont ils préparent le salut ! O pureté virginale de la plus glorieuse des Mères ! palais de cristal où le Verbe divin est venu habiter parmi nous, faites rayonner sur notre âme attiédie les feux étincelants de sa vérité et les ardeurs de son amour !

MÈRE TRÈS PURE, PRIEZ POUR NOUS !

MATER INVIOLATA
ORA PRO NOBIS

MATER CASTISSIMA
ORA PRO NOBIS

7

EXPLICATION.

MÈRE TRÈS CHASTE.

La colombe, sur la couronne verdoyante et féconde de l'olivier, est ici le symbole de l'exquise chasteté de la Maternité de Marie. J'entends comme la voix de la tourterelle ; ce sont les accents du Fils à sa chaste Mère : « *Ouvre-moi, ma bien-aimée, ma sœur, ma* » *colombe, ouvre-moi ; car ma tête est pleine de* » *rosée et ma chevelure ruisselle des gouttes de la* » *nuit* (1). » O Marie, faites que notre âme reçoive quelques gouttes de cette rosée qui tombe de la chevelure de votre Fils. Saintes gouttes de la nuit, elles retrempent la chasteté, affaiblie par les ardeurs du jour et des tentations.

MÈRE TRÈS CHASTE, PRIEZ POUR NOUS !

MÈRE SANS TACHE.

On dit que l'hermine est si jalouse de la blancheur de sa robe, qu'elle meurt de tristesse le jour où une tache obstinée vient en ternir l'éclat. Aussi, sur la couronne de la Maternité de Marie, elle devient le symbole de son inviolable sainteté. Bien que certaine de conserver sans tache l'éclat de son innocence, la divine Mère n'en garda pas moins durant sa vie toutes les délicatesses de la pudeur, comme si elle en eût ressenti toutes les alarmes. Notre vertu, hélas ! est bien plus exposée aux souillures de ce monde que la blanche hermine ; et que nous sommes loin cependant d'éprouver les alarmes de cette exquise créature !

Ô MÈRE SANS TACHE, PRIEZ POUR NOUS !

---

(1) Cantique des Cantiques.

MATER AMABILIS   MATER INTEMERATA

ORA PRO NOBIS   ORA PRO NOBIS

EXPLICATION.

MÈRE SANS CORRUPTION.

Tout subit la corruption de la mort ici-bas, excepté cet oiseau mystérieux qui finit ses jours dans les flammes d'un bûcher composé d'aromates et de bois parfumé et qui renait aussitôt de ses cendres. Placé sur la couronne de la Maternité de Marie, il est l'image de son incorruptibilité. Ravi des parfums d'immortalité qu'exhale sa bien-aimée, le céleste Epoux s'écrie : « *Quelle est* » *celle qui s'élève à travers le désert, comme une* » *colonne de vapeur, composée d'encens, de myr-* » *rhe et de toutes sortes de précieux aromates* (1) ? » Ame chrétienne, élève-toi au-dessus de ta corruption native par la mortification et par la prière, brûle perpétuellement dans ton cœur les aromates des saintes pensées ; ainsi spiritualisée, tu suivras la Mère sans corruption à travers sa route embaumée du désert !

MÈRE SANS CORRUPTION, PRIEZ POUR NOUS !

MÈRE AIMABLE.

L'Ange portant la couronne de la Maternité avec cette légende : « *Vous* » *avez blessé mon cœur, ma sœur, mon épouse, vous avez blessé mon cœur,* » *par un seul de vos yeux, par un seul des cheveux de votre cou* (2) » , désigne éloquemment la plus aimable des mères, par l'effet irrésistible de ses moindres charmes sur le cœur de son divin Fils. S'il y a tant de grâces dans un détail, quelles doivent être les perfections de l'ensemble ? Mais, fermez-vous, mes yeux ! ne cherchez pas les amabilités de la fille du Roi sur son visage. Sa beauté est toute au-dedans d'elle-même. Attraits spirituels, charmes des vertus, grâces de l'humilité, splendeurs de l'amour, vous formez ces beautés de l'âme qui s'épanouissent sous le regard de Dieu et blessent délicieusement son cœur. Qui donnera à mon âme de faire à Dieu ces blessures d'amour ?

MÈRE AIMABLE, PRIEZ POUR NOUS !

---

(1) Cant. des Cantiques. — (2) *Ibidem.*

MATER CREATORIS
ORA PRO NOBIS

MATER ADMIRABILIS
ORA PRO NOBIS

EXPLICATION.

MÈRE ADMIRABLE.

L'attitude de l'Ange avec la couronne de la Maternité entre ses deux mains et ses yeux levés vers le Ciel comme pour goûter en silence cette parole de la légende : « *Que* » *vous êtes belle, ô ma bien-aimée, que vous êtes* » *belle* (1) ! » c'est l'attitude de l'âme en contemplation devant cette divine Mère, si digne d'admiration ! Cité de Dieu, ô Marie, on raconte de vous de si grandes choses ! il y a tant de grandeurs et de magnificences dans vos brillants parvis ! qu'en vous contemplant, la parole expire sur les lèvres et l'âme demeure dans le silence du ravissement et de l'extase ! Je ne me lasserais pas de venir goûter à vos pieds ce repos ému, ces joies muettes de l'admiration : admirer n'est-ce pas aimer !

Ô MÈRE ADMIRABLE, PRIEZ POUR NOUS !

MÈRE DU CRÉATEUR.

Elle est symbolisée par l'Ange tenant d'une main la couronne de la Maternité et de l'autre le globe du monde avec cette légende explicative : « *Tout a été fait par Lui* (2). » Avoir donné la vie à celui qui la prodigue à toute créature, avoir porté dans son sein Celui qui porte dans l'espace ces mondes infinis qui racontent si magnifiquement sa gloire, quel honneur pour une Fille des hommes ! mais quel bonheur pour notre race d'avoir donné une Mère à un tel Fils. O Marie, vous êtes l'os de nos os et la chair de notre chair, et rien ne vous est inconnu des abîmes de notre infirmité ; soyez-en l'écho fidèle et écouté auprès du Créateur dont vous êtes la Mère : qu'il ait pitié de nous, malgré nos crimes, nous si voisins du néant, cendre et poussière que nous sommes !

Ô MÈRE DU CRÉATEUR, PRIEZ POUR NOUS !

(1) Cantique des Cantiques.
(2) Évangile selon S. Jean. ch. 1.

VIRGO PRUDENTISSIMA

ORA PRO NOBIS

MATER SALVATORIS

ORA PRO NOBIS

EXPLICATION.

MÈRE DU SAUVEUR.

Vous en reconnaissez le symbole dans cette couronne de la Maternité enveloppant comme siens les instruments de la Passion de Notre-Seigneur. Je vous salue, Marie, Source virginale du Sang de la Rédemption, Mère de ce fleuve de vie, qui, des veines sacrées de l'Homme-Dieu, coule sur le genre humain pour le régénérer ! Ah ! faites que je sois plongé dans ses ondes salutaires ; et si vous ne me trouvez pas digne d'une grâce si abondante, faites seulement qu'une de ces petites gouttes égarées dans les sentiers du Calvaire ou sur les dalles du Prétoire arrive jusqu'à moi, et mon âme sera sauvée !

MÈRE DU SAUVEUR, PRIEZ POUR NOUS !

VIERGE TRÈS PRUDENTE.

Un lys avec un serpent le long de sa tige indique évidemment la virginité unie à la prudence. Comme le serpent qui sacrifie tout pour sauver sa tête, la Vierge Marie sacrifia tout pour sauver sa virginité, tout, jusqu'à la gloire suprême de la Maternité divine. Mais, ô triomphe de la prudence virginale ! ce fut elle qui sauva tout ; elle réunit les deux gloires incompatibles dans une même auréole, les deux couronnes sur un même front : la Virginité par son choix, la Maternité par le choix de son Créateur ! Mon Dieu, donnez-moi cette prudence, qui ne cherche que votre royaume et sa justice. Ne nous avez-vous pas donné l'assurance que tout le reste nous viendrait par surcroît ?

Ô VIERGE TRÈS PRUDENTE, PRIEZ POUR NOUS !

VIRGO PRÆDICANDA

ORA PRO NOBIS

VIRGO VENERANDA

ORA PRO NOBIS

EXPLICATION.

VIERGE DIGNE DE VÉNÉRATION.

Vous la reconnaissez sans peine dans ce lys environné des nuages d'encens qui s'élèvent d'un vase de parfums. Quand l'âme est en présence d'un objet qui commande la vénération, elle devient aussitôt comme l'encens sur le feu ; elle fume, elle enveloppe de toute part l'objet vénéré et devient pour lui un sanctuaire. Telle est votre place naturelle dans nos cœurs, ô Vierge sainte ! Pour vous, il n'y a dans notre âme qu'un sanctuaire de vénération et d'amour ; et de tous ses respects, de tous ses nuages embaumés qui s'élèvent de son autel des parfums, c'est vous, après Dieu, qui obtenez la meilleure part, et elle ne vous sera point ôtée.

Ô VIERGE DIGNE DE VÉNÉRATION, PRIEZ POUR NOUS !

VIERGE DIGNE DE LOUANGES.

L'action de l'Ange la révèle aux regards ; le lys virginal d'une main, de l'autre il sonne de la trompette pour en publier les louanges. C'est l'image de l'homme proclamant la gloire de ceux qu'il aime, célébrant leurs louanges, livrant leur nom à tous les échos du monde, à tous les retentissements de la renommée. Je prête l'oreille à tous ces bruits harmonieux, qui accompagnent les grands noms. Ce sont vos louanges, ô Marie, qui dominent toutes les louanges ; c'est vous, c'est votre nom, vos vertus, votre bonté, votre gloire, qui reviennent le plus souvent et avec le plus d'amour sur les lèvres des générations. Toutes vous proclament Bienheureuse, et jamais on n'entendit des paroles plus douces, des accents plus émus.

Ô VIERGE DIGNE DE LOUANGES, PRIEZ POUR NOUS !

VIRGO CLEMENS.   VIRGO POTENS.

ORA PRO NOBIS   ORA PRO NOBIS

EXPLICATION.

VIERGE PUISSANTE.

Le sceptre et le lys unis en forment le symbole. Une vierge, c'est un lys, la grâce, la délicatesse elle-même ; mais quelle faiblesse ! Cependant qu'une vierge paraisse avec sa beauté et ses grâces devant un roi, un maître du monde, elle le subjugue par ses charmes, et, maîtresse de son cœur, elle dispose de son sceptre. Telle est votre puissance, ô Marie ! Marie, humble fleur des champs, Lys de la vallée, le Créateur vous a trouvée si belle qu'il vous a fait tour à tour Fille, Epouse, Mère d'un Dieu, et comme telle portant son sceptre, partageant sa puissance.

Ô VIERGE PUISSANTE, PRIEZ POUR NOUS !

VIERGE CLÉMENTE.

Le caractère de clémence n'apparaît dans le lys virginal qu'à travers l'idée qu'en donnent ces paroles de la légende : « *Souvenez-vous, ô Vierge-Mère, quand* » *vous serez en présence de Dieu, de lui parler* » *favorablement de nous, et de détourner loin de* » *nous les effets de sa colère* (1). » Une Vierge c'est douceur, sensibilité ; une Mère c'est bonté, tendresse ineffable ; que doit donc être une Vierge-Mère, sinon un composé de tout cela, c'est-à-dire Miséricorde, Clémence ! Voilà donc, ô Dieu de bonté, ce vase exquis créé par vous, pour y verser cette moitié de vous-même toute favorable aux pécheurs ! Abîme de Clémence, ô Marie, regardez-nous de ces yeux compatissants qui ne voient nos crimes que pour les effacer.

Ô VIERGE CLÉMENTE, PRIEZ POUR NOUS !

____

(1) *Recordare, Virgo Mater*, etc. Ant. de l'office de la Sainte Vierge.

SPECULUM JUSTITIÆ.

ORA PRO NOBIS.

VIRGO FIDELIS

ORA PRO NOBIS.

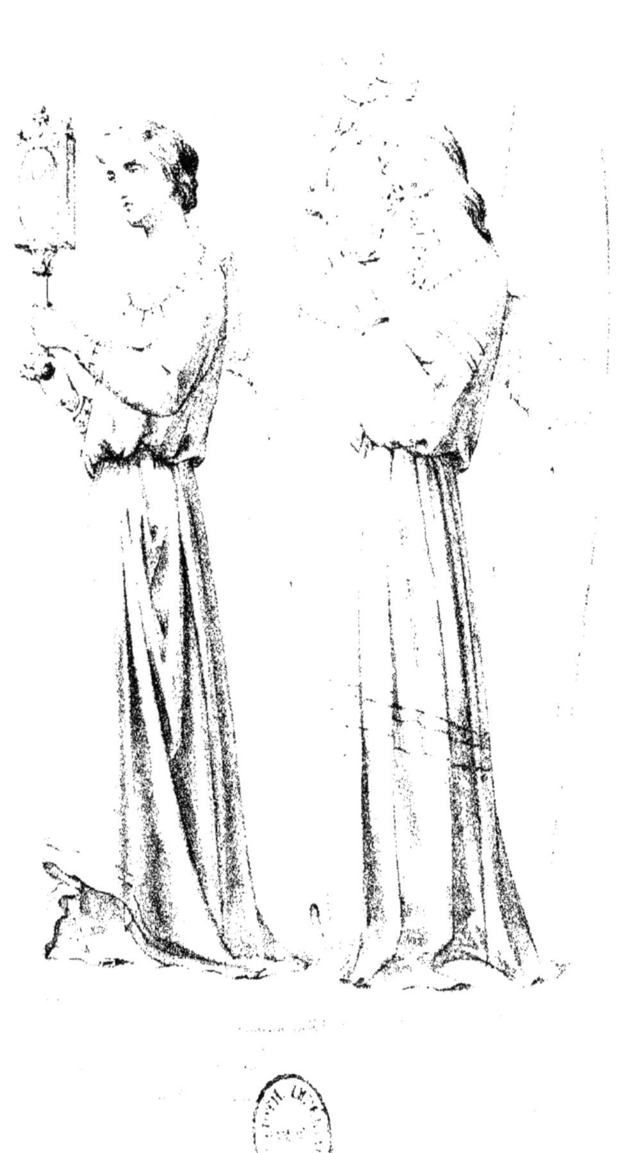

EXPLICATION.

VIERGE FIDÈLE.

Vous en avez la signification dans cette colombe, symbole de la fidélité, formant le nœud de la couronne de lys. Comme ces oiseaux charmants qui apportent des messages, la Vierge fidèle vole de la terre au Ciel, toute chargée des requêtes des hommes; du Ciel à la terre, les mains toutes pleines des grâces et des bienfaits de Dieu. Bénie dans le Ciel dont elle active le bonheur de donner, bénie sur la terre dont elle comble le besoin de recevoir, elle est partout la bienvenue, la messagère aimée des échanges désirés.

Ô VIERGE FIDÈLE, PRIEZ POUR NOUS !

MIROIR DE JUSTICE.

Toute beauté, toute perfection dans les créatures, est un reflet des perfections, de la beauté de Dieu. O Dieu de justice et de sainteté, je cherche ici bas les nobles créatures qui reproduisent vos traits, et je m'arrête avec admiration devant les grandes figures des Saints qui en sont la vive ressemblance, la brillante image! et pourtant miroirs étroits et brisés, ils n'en reflètent que des rayons épars et mutilés. Mais quand j'arrive devant la Vierge glorieuse, je suis en présence du miroir le plus large, le plus pur, le plus complet de vos perfections, et je demeure ébloui de l'éclat étincelant de leurs rayons et de leur ensemble majestueux! O divine Marie, faites que mon cœur s'enflamme aux ardeurs de votre foyer; qu'il soit dévoré par la faim et la soif de la justice.

MIROIR DE JUSTICE, PRIEZ POUR NOUS !

CAUSA NOSTRAE LAETITIAE.

ORA PRO NOBIS.

SEDES SAPIENTIAE.

ORA PRO NOBIS.

EXPLICATION.

TRÔNE DE LA SAGESSE.

Le siége sur lequel est ouvert le livre des enseignements divins, c'est l'àme de la Sainte Vierge, au-dedans de laquelle repose comme sur son trône la divine sagesse. Salomon demandait à la sagesse éternelle de descendre de ses royales demeures, pour devenir la conseillère, la coadjutrice de son règne. Mais il ne lui proposait pas de devenir lui-même son siége. Comment eût-il osé espérer que cette divine sagesse vînt habiter sous le toit et dans l'esprit d'un mortel? Et cependant, ô Marie, elle est descendue en vous dans sa plénitude ; elle s'y est assise comme dans une demeure permanente, elle y règne comme sur son trône. Puisse un de ses rayons nous assister à l'heure des obscurités, des incertitudes de la vie !

TRÔNE DE LA SAGESSE, PRIEZ POUR NOUS !

CAUSE DE NOTRE JOIE.

Il n'y a d'espoir pour nous, pauvres pécheurs, que dans la grâce du Rédempteur, et il ne peut y avoir d'autre *cause de notre joie* que la certitude de l'obtenir. Cette certitude, nous la possédons dans l'intervention de la Mère de Jésus-Christ, plaidant notre cause au nom de ses douleurs. C'est ce qu'exprime éloquemment son cœur percé d'un glaive, avec cette légende : « *Soyez notre avocate et notre défense au jour du* » *jugement* (1). » O mère, est-ce que vous pourriez abandonner des enfants qui vous ont tant coûté? et le plus tendre des Fils pourrait-il fermer son cœur au spectacle des sanglantes douleurs de sa Mère? Notre joie vient de cette double confiance, et elle ne peut être confondue.

CAUSE DE NOTRE JOIE, PRIEZ POUR NOUS !

(1) *Per te virgo sim defensus*, etc. Ant. de l'office de la Sainte Vierge.

VAS SPIRITUALE.

ORA PRO NOBIS.

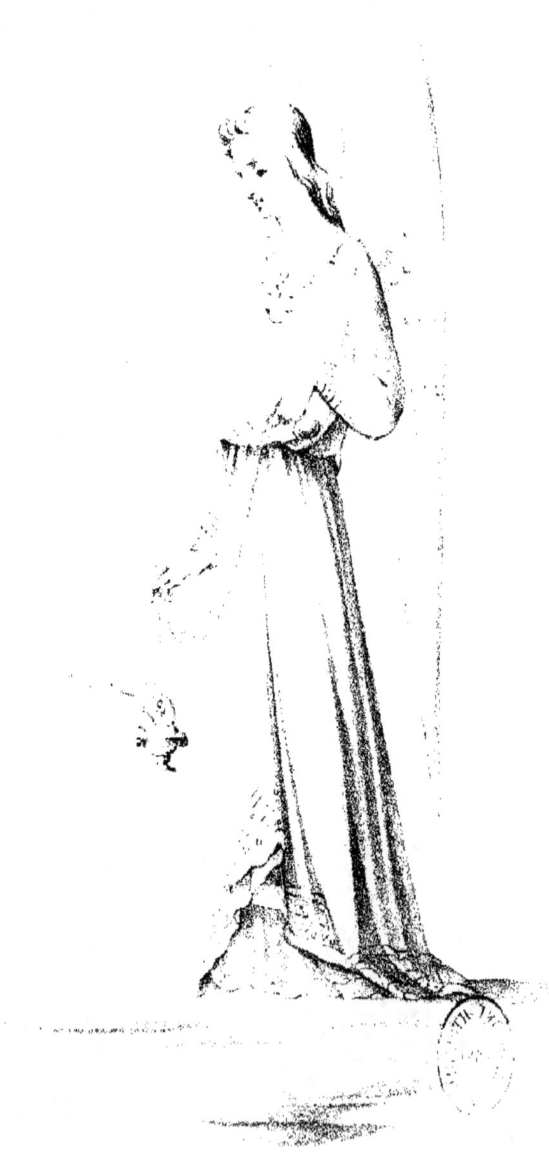

VAS SPIRITUALE.

ORA PRO NOBIS.

EXPLICATION.

VASE SPIRITUEL.

L'encensoir, d'où montent perpétuellement vers le Ciel des nuages enbaumés, n'est-il pas l'image de l'âme éprise d'amour pour Dieu, et consumant sa vie dans les élans continus d'une ardente prière? Et voilà le vase spirituel, la Vierge sainte dont la vie s'exhalait perpétuellement vers Dieu, remplissant le monde de la bonne odeur de ses vertus. Quand mon âme est triste, sans élan, sans amour, comme un foyer éteint, ô Vierge sacrée, venez à mon aide, hâtez-vous de me secourir, et, comme l'encensoir, répandez vos mérites et votre amour en me précédant devant Dieu. Peut-être permettra-t-il qu'un charbon ardent tombe de votre foyer dans le mien, et que, réchauffant ses cendres refroidies, il en fasse jaillir les élans enflammés de l'amour et de la prière !

VASE SPIRITUEL, PRIEZ POUR NOUS !

VAS HONORABILE,

ORA PRO NOBIS.

VAS HONORABILE,

ORA PRO NOBIS.

EXPLICATION.

VASE HONORABLE.

Quels vases plus honorables que ceux qui portent le vin et l'eau du Saint Sacrifice, et que représentent-ils autre chose que vous-même, ô sainte Mère du Rédempteur ? Car le vin et l'eau du Sacrifice ne sont si précieux que parce qu'ils sont destinés à devenir sur l'autel le Sang qui a été versé pour le salut du monde. Mais ce Sang divin, n'en portiez-vous pas la source sacrée dans vos veines virginales, et n'est-ce pas votre amour qui nous l'avait préparé pour l'heure du Sacrifice ? Faites, ô divine Mère, que je devienne, moi aussi, un vase d'honneur pour le Sacrifice, et que j'offre en holocauste à l'Agneau immolé pour moi la plus pure substance de mon cœur.

VASE HONORABLE, PRIEZ POUR NOUS !

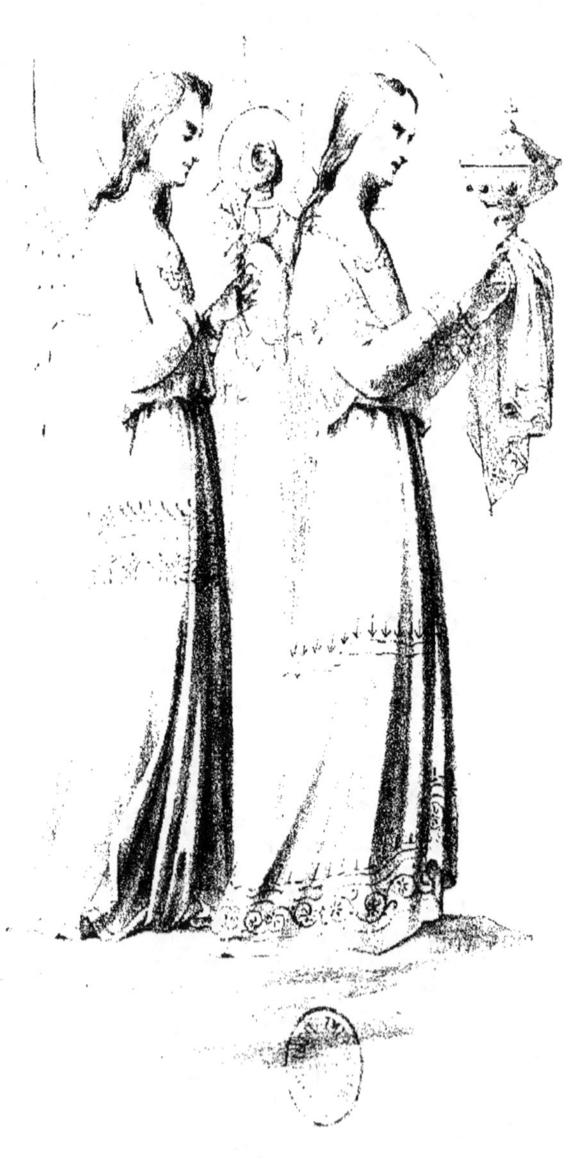
ROSA MYSTICA
VAS INSIGNE DEVOTIONIS
ORA PRO NOBIS
ORA PRO NOBIS

EXPLICATION.

VASE INSIGNE DE DÉVOTION.

Le ciboire, ce vénérable dépositaire de la sainte Eucharistie, quel vase insigne de dévotion dans l'Eglise de Dieu ! Vous êtes, ô Marie, mieux que le ciboire eucharistique, *le vase insigne de dévotion ;* car vous n'avez pas seulement porté le Verbe de Dieu, le pain de vie dans vos chastes entrailles, vous l'avez plus heureusement porté dans votre esprit et vous en avez plus saintement nourri votre âme ! O cœur très pur de Marie, foyer sacré des plus tendres communications avec Jésus, apprenez à mon cœur le secret de ces divins épanchements, faites-lui-en goûter les saintes délices, et que désormais il ne désire plus rien des choses de la vie.

VASE INSIGNE DE DÉVOTION, PRIEZ POUR NOUS !

ROSE MYSTIQUE.

Les âmes sont les fleurs de Dieu. C'est parce que la divine Marie a surpassé toutes les âmes par la richesse, l'ensemble de ses mérites, comme la rose l'emporte sur toutes les fleurs, que Dieu et son Eglise l'ont nommée la Rose Mystique. Un jour, épris de sa beauté, Dieu la cueillit de sa main, et l'approchant avec amour de ses lèvres, il déposa par un baiser son Verbe divin au fond de son calice épanoui. O fleurs de Dieu, âmes saintes et pures, approchez-vous de la Rose Mystique, votre sœur et votre modèle, et, soit que vous contempliez la beauté de ses mérites, soit que vous respiriez les parfums de ses vertus, quelque chose de Jésus passera dans vous-même, car il ne se donne jamais mieux qu'en passant par ses charmes.

ROSE MYSTIQUE, PRIEZ POUR NOUS !

TURRIS EBURNEA
ORA PRO NOBIS
TURRIS DAVIDICA
ORA PRO NOBIS

EXPLICATION.

TOUR DE DAVID.

Une tour, c'est une force, c'est une défense contre les attaques de l'ennemi. Ce que la tour de David était pour Jérusalem, vous l'êtes, ô Marie, pour notre âme assiégée par les tentations de la vie, c'est-à-dire une citadelle, une forteresse inexpugnable! Les mille boucliers appendus à ses murailles, les armes de toutes sortes gardées dans son arsenal, signifient les moyens innombrables, les ressources infinies employées par votre active sollicitude pour notre salut. Vous êtes si bonne, si dévouée pour nos âmes, qu'en présence de l'ennemi vous devenez par cela même terrible comme une armée rangée en bataille.

Ô TOUR DE DAVID, PRIEZ POUR NOUS!

TOUR D'IVOIRE.

Une tour d'ivoire! quelle magnificence pour une construction de guerre! C'est le symbole de la puissance de la sainte Vierge contre les erreurs, les ennemis de la vérité. Eblouissante de blancheur et d'éclat, on dirait qu'elle n'est qu'un ornement dans l'édifice de l'Eglise, et elle en est en réalité la plus forte défense, la tour avancée, aux pieds de laquelle expirent toutes les hérésies; elle ne permet pas qu'elles arrivent jusqu'aux murs sacrés de la vérité catholique. Que notre foi soit en nous comme une tour d'ivoire, blanche et pure comme la vérité, forte et invincible comme elle!

Ô TOUR D'IVOIRE, PRIEZ POUR NOUS!

FŒDERIS ARCA
DOMUS AUREA
ORA PRO NOBIS
ORA PRO NOBIS

EXPLICATION.

MAISON D'OR.

C'est ainsi qu'on nommait le temple de Salomon, tant l'or y était prodigué avec une royale magnificence. Mais qu'est-ce que l'or de Salomon en comparaison de celui dont le fils de Dieu a revêtu lui-même son tabernacle, le sein virginal qu'il a choisi pour son temple glorieux? Vous le portiez en vous-même, ô sainte Mère de Dieu, cet or pur et vivifiant de la charité, cet or enflammé de l'amour qui orne la salle nuptiale de l'époux. Et nous, qui sommes appelés si souvent aux noces de l'Agneau, au banquet eucharistique, avons-nous cet or pur pour orner la salle du festin? Nous nous hâterons de l'acheter auprès de vous, ô Marie, et d'enrichir notre pauvreté de votre abondance.

MAISON D'OR, PRIEZ POUR NOUS!

ARCHE D'ALLIANCE.

Comme au temps du déluge, l'arche d'alliance allait et venait sur les eaux de l'immensité, portant avec sécurité l'espoir du genre humain, ainsi que nous apparaît la Vierge Marie, voguant sur les flots agités du monde, son Fils Jésus dans ses bras et dirigeant avec la même sécurité le sort des élus vers le port de l'éternité. Nous vous saluons, arche du salut, nous nous réfugions à votre bord; suspendus sur les abîmes, nous avons toujours les yeux fixés sur vous. Vous êtes notre vie, notre douceur, notre espérance!

ARCHE D'ALLIANCE, PRIEZ POUR NOUS!

STELLA MATUTINA   JANUA CŒLI

ORA PRO NOBIS.   ORA PRO NOBIS

EXPLICATION.

PORTE DU CIEL.

Depuis les jours d'Eve, le Ciel était fermé sur nos têtes. Par vous, ô Marie, il s'est ouvert et nous a donné un Sauveur. Par vous, il nous sourit désormais, nous envoie tous les jours la rosée du matin comme celle du soir, toutes les grâces, tous les bienfaits de Dieu. Par vous, tout ce qui monte de la terre, nos prières, nos gémissements, nos larmes, reçoit de Dieu un accueil plus favorable, une attention plus tendre, un succès plus complet. Puissiez-vous vous ouvrir devant notre âme à son dernier passage!

Ô PORTE DU CIEL, PRIEZ POUR NOUS!

ÉTOILE DU MATIN.

Qu'elle est brillante et douce aux regards des mortels, cette aimable étoile qui se lève au firmament quand les autres vont disparaître! Messagère du bonheur, elle apparaît à l'heure la plus fraîche, la plus émue d'espérance; elle annonce la fin des tristesses, des ombres de la nuit, le lever prochain de l'aurore, l'arrivée triomphale du soleil! Vous êtes tout cela, ô Marie, dans le monde des âmes; elles vous saluent et vous sourient comme leur étoile du matin! Vous vous levez sur notre firmament, et les ombres, les tristesses du péché s'évanouissent, l'aurore de la grâce va paraître, et bientôt le soleil, le Dieu créateur de notre âme vient en prendre possession et l'inonder de sa lumière et de sa vie.

ÉTOILE DU MATIN, PRIEZ POUR NOUS!

... INFIRMORUM   REFUGIUM PECCATORUM
ORA PRO NOBIS   ORA PRO NOBIS.
... INFIRMORUM   REFUGIUM PECCATORUM
ORA PRO NOBIS   ORA PRO NOBIS.

EXPLICATION.

SANTÉ DES INFIRMES.

Ce titre de Marie, si cher à l'humanité, vouée aux innombrables infirmités du corps, est symbolisé par ce vase balsamique avec cette légende : « *Comme un* » *baume composé d'aromates, je répands l'odeur* » *la plus suave* (1). » Sa bonté compatissante s'étend jusqu'aux infirmités corporelles, et il n'en est aucune qu'elle ne veuille soulager et guérir. Elle a été des nôtres sur la terre, elle a entendu les longs gémissements de la douleur et de la souffrance, et son cœur s'ouvrant à la pitié, elle a épanché sur toute langueur et toute infirmité le vase aromatique qui répand la santé et la vie !

SANTÉ DES INFIRMES, PRIEZ POUR NOUS !

REFUGE DES PÉCHEURS.

Ce qu'est l'ancre aux vaisseaux battus par la tempête, la divine Marie l'est pour les pécheurs, c'est leur dernier refuge, leur dernière espérance. Quand tout est perdu pour l'âme coupable du côté de la justice, il y a encore espoir du côté de la bonté et de la miséricorde, et c'est la Mère de Dieu qui est souveraine dans cet empire, elle est la Mère de miséricorde. O vous tous pécheurs, qui êtes à moitié plongés dans l'abîme, vaisseaux prêts à sombrer dans la dernière tempête, jetez l'ancre dans le sein de Marie et ne perdez pas confiance; elle est l'espérance des désespérés.

REFUGE DES PÉCHEURS, PRIEZ POUR NOUS !

(1) Cantique des Cantiques.

CONSOLATRIX AFFLICTORUM   AUXILIUM CHRISTIANORUM
ORA PRO NOBIS   ORA PRO NOBIS
CONSOLATRIX AFFLICTORUM   AUXILIUM CHRISTIANORUM
ORA PRO NOBIS   ORA PRO NOBIS

22

EXPLICATION.

CONSOLATRICE DES AFFLIGÉS.

Ce large bandeau dans les mains de l'Ange, avec cette légende qui en détermine l'usage : « *Elle essuiera* » *les larmes de leurs yeux* (1), » signifie le rôle le plus touchant de la meilleure des Mères. La terre est la vallée des larmes, et des yeux mortels nul n'est exempt de lui apporter son tribut. Un jour ou l'autre, chacun de nous descend ou est précipité des hauteurs de la prospérité pour tomber dans l'affliction. Vous nous y attendez tous, ô Marie, avec une mesure de consolation proportionnée à la violence et à l'étendue de nos douleurs. Nulle main plus douce que la vôtre pour essuyer des larmes, nul cœur plus prompt à commander à la main !

Ô CONSOLATRICE DES AFFLIGÉS, PRIEZ POUR NOUS !

SECOURS DES CHRÉTIENS.

C'est le bouclier qui est le symbole de la protection et de la défense. Et on dit également de la sainte Vierge, qu'elle est le secours ou le bouclier des chrétiens ! L'histoire des nations chrétiennes est pleine des crises douloureuses qu'elles ont eu à subir et auxquelles elles n'ont échappé que par un miracle de la protection de la reine du Ciel. Qui n'aimerait à constater ses états de service dans les titres significatifs que la chrétienté reconnaissante a inscrits sur son bouclier : Notre-Dame Auxiliatrice, Notre-Dame de Bon Secours, Notre-Dame de la Victoire ! les jours mauvais peuvent se lever demain pour l'Église, ô Marie, soyez notre bouclier.

SECOURS DES CHRÉTIENS, PRIEZ POUR NOUS !

(1) Apocalypse.

23

REGINA PATRIARCHARUM

ORA PRO NOBIS

REGINA ANGELORUM

ORA PRO NOBIS

EXPLICATION.

REINE DES ANGES.

Une couronne royale au-dessus d'un groupe d'Anges en est le symbole. Esprits bienheureux, premiers-nés du Très-Haut, fils brillants de la lumière, ne soyez pas humiliés d'être vaincus en pureté, en vertus, en splendeurs de toute sorte par cette humble fille de la terre : elle est l'œuvre merveilleuse du Très-Haut, et, le premier, il l'a reconnue pour sa souveraine en lui obéissant comme un fils à sa mère.

REINE DES ANGES, PRIEZ POUR NOUS !

REINE DES PATRIARCHES.

Elle est signifiée par la même couronne placée au-dessus du groupe des patriarches. Ses ancêtres, par le sang, ils sont ses sujets et ses serviteurs en tant que l'objet de leur foi et de leur attente. Ne les entendez-vous pas du fond des âges les plus reculés la saluer de leurs transports, comme la femme qui devait écraser de son pied la tête du serpent, comme la Vierge qui devait enfanter, et l'acclamer tour à tour dans la verge fleurie d'Aaron, dans l'Arche d'alliance, dans la toison de Gédéon ? Obtenez-nous, ô Marie, la fermeté de leur foi et de leur espérance.

REINE DES PATRIARCHES, PRIEZ POUR NOUS !

REGINA APOSTOLORUM

ORA PRO NOBIS

REGINA PROPHETARUM

ORA PRO NOBIS

REGINA APOSTOLORUM

ORA PRO NOBIS

REGINA PROPHETARUM

ORA PRO NOBIS

EXPLICATION.

REINE DES PROPHÈTES.

Vous la reconnaissez sans peine sous le symbole de la couronne royale et des trompettes prophétiques portées dans les mains de l'ange, interprétées par cette légende : « *Je suis la voix qui crie dans le dé-* » *sert* (1) ! » Objet des antiques prophéties, vous avez prophétisé vous-même, ô Marie, vous avez mieux vu et raconté de plus grandes choses que tous les prophètes. Ils n'ont aperçu que des parcelles de la vérité lointaine, vous en avez vu l'ensemble. Ils n'ont reçu que les rayons partiels de la lumière, vous en avez possédé la plénitude.

Ô REINE DES PROPHÈTES, PRIEZ POUR NOUS !

REINE DES APÔTRES.

Les apôtres sont les prédicateurs de l'Evangile, c'est pourquoi leur reine est désignée par le livre des Evangiles surmonté de la couronne royale. Si la bouche parle de l'abondance du cœur, qui parla mieux de l'Evangile que celle qui le portait vivant dans son cœur? Et quand les langues de feu de la Pentecôte embrasaient l'âme des apôtres et faisaient éclater l'Evangile sur leurs lèvres inspirées, n'étiez-vous pas au milieu d'eux, ô épouse du Saint-Esprit, la première et la plus favorisée ! O vertu apostolique des premiers jours, qui nous rendra vos langues de feu et vos âmes intrépides !

Ô REINE DES APÔTRES, PRIEZ POUR NOUS !

(1) Isaïe.

REGINA CONFESSORUM
REGINA MARTIRUM
ORA PRO NOBIS
ORA PRO NOBIS

EXPLICATION.

REINE DES MARTYRS.

La couronne royale unie à la palme du martyre en désigne naturellement la Reine. La Mère de l'agneau de Dieu n'a vécu sur la terre que sous l'étreinte d'un martyre continuel. Elle l'a vu immolé dans les pressentiments et les perspectives de tous les jours, et aucun des spectacles déchirants de la réalité ne lui a été épargné! Regardez-la debout, au pied de la croix de son Fils, et voyez s'il fût jamais dans les amphithéâtres des Néron et des Dioclétien un martyre plus cruel que le sien! O divine suppliciée, obtenez à nos âmes le courage, la force magnanime de la virilité chrétienne.

REINE DES MARTYRS, PRIEZ POUR NOUS !

REINE DES CONFESSEURS.

La couronne surmontant le *Credo*, le symbole de la foi, représente la Reine des grandes âmes qui en ont fait profession publique sur la terre. Que vous êtes heureuse d'avoir cru, disait la mère de Jean-Baptiste à la mère de Jésus, car ce que l'ange vous annonçait, c'est votre foi qui l'a accompli. Votre foi, ô divine Marie, n'a pas seulement transporté les montagnes, elle a fait descendre le Ciel sur la terre. Donnez-nous cette foi vive et puissante qui dédaigne les choses visibles et périssables, et n'estime que les invisibles et les permanentes.

REINE DES CONFESSEURS, PRIEZ POUR NOUS !

REGINA SANCTORUM OMNIUM   REGINA VIRGINUM
ORA PRO NOBIS   ORA PRO NOBIS

ORA PRO NOBIS   ORA PRO NOBIS

EXPLICATION.

REINE DES VIERGES.

Cette couronne de reine à côté de ces lys rayonnants d'innocence, désigne la royauté sur toutes les vierges. Vous êtes leur reine, ô Marie, comme la rose est la reine des fleurs, par la prééminence, l'excellence incomparable de votre virginité ; vous êtes leur reine, parce que c'est votre lys qui a germé le premier sur la terre, et enrichi la flore des vertus de la blanche famille des vierges ; vous êtes leur reine, enfin, parce que nulle ne saurait les aimer, les protéger, les gouverner, leur faire produire tout leur éclat, tout leur parfum comme vous, les rendre aimables au Ciel et utiles à la terre.

Ô REINE DES VIERGES, PRIEZ POUR NOUS !

REINE DE TOUS LES SAINTS.

L'ange la désigne par la couronne de Reine dans une main et par une couronne de roses représentant tous les saints dans l'autre. Glorieuses phalanges des bienheureux, qu'êtes-vous en comparaison de la vierge Marie dans les splendeurs de l'éternité ? Comme elle s'élève, comme elle s'avance sur les hauteurs de Dieu, tandis que vous n'êtes qu'à ses pieds ! Qu'y a-t-il en vous de mérites, qu'elle ne possède tous et à ce degré éminent, qui n'est surpassé que par Dieu ! Dites-nous sa gloire, vous qui la voyez ; dites-nous ses droits légitimes à la souveraineté sur tous, elle qui partage avec Dieu l'empire de l'éternité et dont la vision compose une part si suave du bonheur du Paradis.

REINE DE TOUS LES SAINTS, PRIEZ POUR NOUS !

27

REG NA SACRATISS'MI ROSARI.   REGINA SINE LABE CONCEPTA

ORA PRO NOBIS.   ORA PRO NOBIS.

EXPLICATION.

Vous la reconnaissez à cette couronne et au pieux joyau de cette dévotion que l'ange tient dans ses mains. Le saint Rosaire a pour symbole mystique une gracieuse couronne de roses et pour symbole populaire, cette chaîne de grains enlacés que le chrétien roule dans ses doigts, à mesure que son âme s'avance par degrés vers les hauteurs du Ciel. O Reine du saint Rosaire, jamais vous ne nous apparaissez mieux dans vos fonctions de souveraine que lorsque vous tenez à la main le premier anneau de cette chaîne d'or, qui enlace les générations chrétiennes, et les soulevant au-dessus de terre, les attire vers les cieux. Liez-moi à vous, ô divine Mère, par ces liens volontaires, par ces chaînes de l'amour.

REINE DU SAINT ROSAIRE, PRIEZ POUR NOUS !

REINE CONÇUE SANS PÉCHÉ.

Elle a pour tout symbole la couronne royale avec cette légende significative : « *Vous êtes toute belle, ô ma* » *bien aimée, et il n'y a point de tache en vous* (1). » Glorieux privilége de cette conception immaculée ! Magnifique couronnement de tous ses titres de gloire ! Il les explique tous, en les illuminant de ses prophétiques splendeurs. Petite goutte du sang d'Adam demeurée pure au sein de la corruption universelle ; fille d'un père coupable et héritière de sa première innocence ; nouvelle Eve succédant aux grâces et à la maternité de la première pour tout le genre humain ! Quelles faveurs et au prix de quels prodiges ! C'est pour devenir la Mère de Dieu, que Dieu a accompli ces prodiges en vous, ô Marie, et c'est pour nous que vous avez enfanté le Sauveur ! Comment pourriez-vous nous oublier !

Ô REINE CONÇUE SANS PÉCHÉ, PRIEZ POUR NOUS !

---

(1) Cantique des Cantiques.

28

AGNUS DEI QUI TOLLIS PECCATA MUNDI

MISERERE NOBIS.

EXPLICATION.

AGNEAU DE DIEU QUI EFFACEZ LE PÉCHÉ DU MONDE :

    PARDONNEZ-NOUS, SEIGNEUR ;

    EXAUCEZ-NOUS, SEIGNEUR ;

    AYEZ PITIÉ DE NOUS.

Les trois Anges représentant les trois personnes divines dans l'unité de nature sont ici reproduits comme au commencement ; seulement, au lieu du Jéhovah, l'emblême de la Majesté du Créateur, ils portent l'*Agnus Dei*, l'emblême du Dieu rédempteur. Et comme chaque personne divine s'identifie avec le rôle de toutes, nous adressons trois fois notre prière à l'Agneau de Dieu qui efface le péché du monde, en disant : Pardonnez-nous, Seigneur ; exaucez-nous, Seigneur ; ayez pitié de nous. Le même cri de prière qui inaugure les Litanies les termine. C'est le premier et le dernier mot de la créature suppliante aux pieds de son Créateur :

SEIGNEUR, AYEZ PITIÉ DE NOUS !

FIN.

Toulouse. — Imprimerie BONNAL & GIBRAC, rue Saint-Rome, 44.

9 782329 772691